Meus Porquinhos

Título original: *Piggies*
Título da edição brasileira: *Meus Porquinhos*

PIGGIES by Audrey Wood and Don Wood
Text copyright © 1991 by Don Wood and Audrey Wood
Illustrations copyright © 1991 by Don Wood
Published by arrangement with Harcourt Brace Jovanovitch, Inc.

Edição Brasileira
Editora   Lenice Bueno da Silva
Editor de Arte   Alcy
Produção Gráfica   Ademir C. Schneider
                    Regina Iamashita Yokoo
                    Aluízio Johnson

CIP-BRASIL. CATALOGAÇÃO NA FONTE
SINDICATO NACIONAL DOS EDITORES DE LIVROS, RJ

W853m
10.ed.

Wood, Audrey, 1948-
  Meus Porquinhos / Audrey e Don Wood ; ilustrações Don Wood ; tradução Gisela Maria Padovan. - 10.ed. - São Paulo : Ática, 1999.
  32p. : il. - (Abracadabra)

  Tradução de: Piggies
  ISBN 978-85-08-04046-9

  1. Literatura infantojuvenil americana. I. Wood, Don, 1945-. II. Padovan, Gisela Maria. III. Título. IV. Série.

09-2858.   CDD: 028.5
                              CDU: 087.5

ISBN 0 - 15-256341-5 (ed. original)
ISBN 978 85 08 04046-9
CAE: 228986
CL: 506604

2022
10ª edição
35ª impressão
Impressão e acabamento: Bartira

Todos os direitos reservados pela Editora Ática S.A., 1992
Av. das Nações Unidas, 7221 – CEP 05425-902 – São Paulo, SP
Atendimento ao cliente: 4003-3061 – atendimento@aticascipione.com.br
www.coletivoleitor.com.br

IMPORTANTE: Ao comprar um livro, você remunera e reconhece o trabalho do autor e o de muitos outros profissionais envolvidos na produção editorial e na comercialização das obras: editores, revisores, diagramadores, ilustradores, gráficos, divulgadores, distribuidores, livreiros, entre outros. Ajude-nos a combater a cópia ilegal! Ela gera desemprego, prejudica a difusão da cultura e encarece os livros que você compra.

Meus Porquinhos

TEXTO

Don Wood e Audrey Wood

ILUSTRAÇÕES

Don Wood

TRADUÇÃO

Gisela Maria Padovan

editora ática

Eu tenho dois porquinhos

bem gordinhos,

dois porquinhos

muito espertos,

dois   porquinhos

bem compridos,

dois porquinhos

bobinhos

e dois porquinhos

bem miudinhos.

Às vezes, os porquinhos

sentem muito calor;

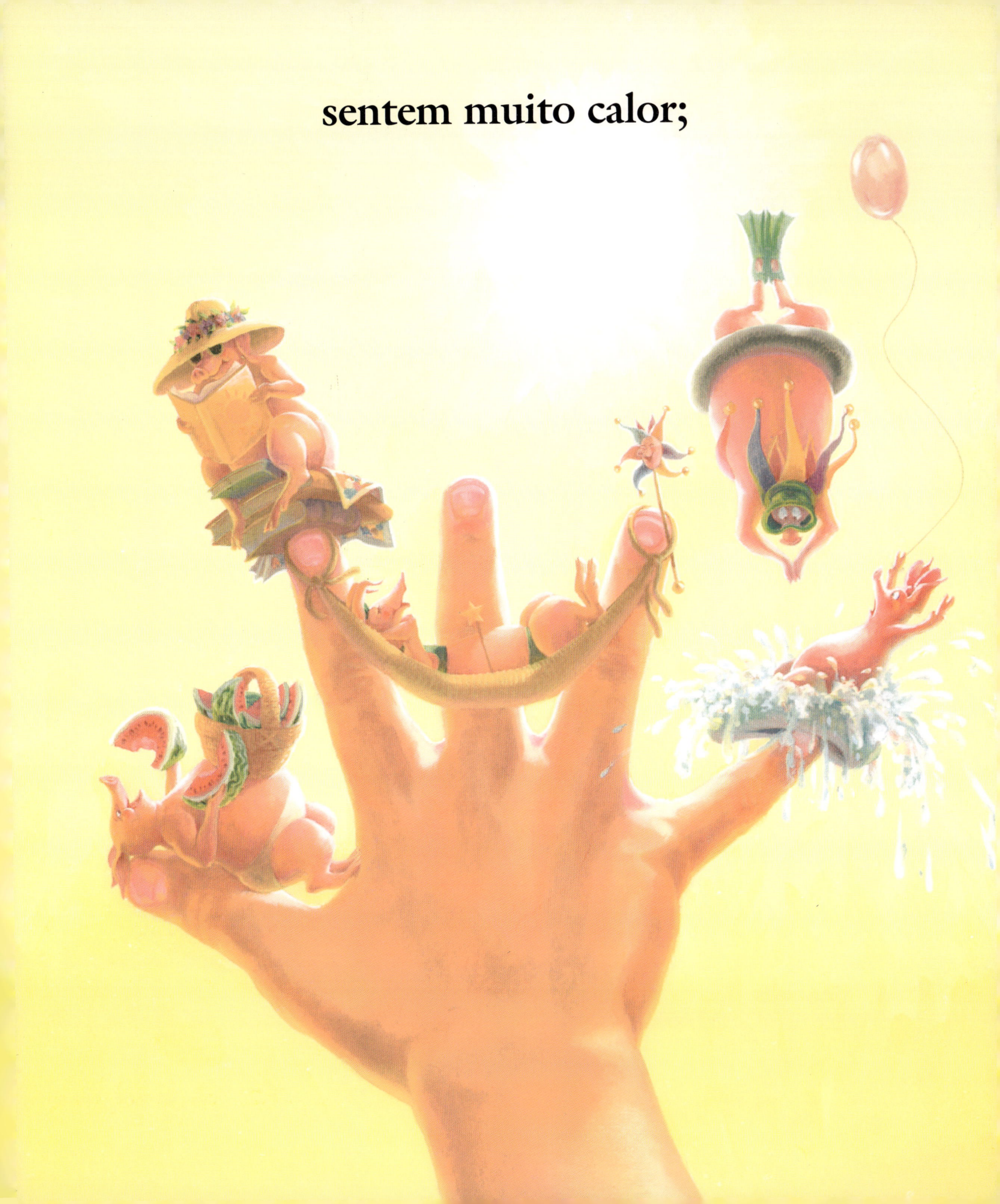

outras vezes,

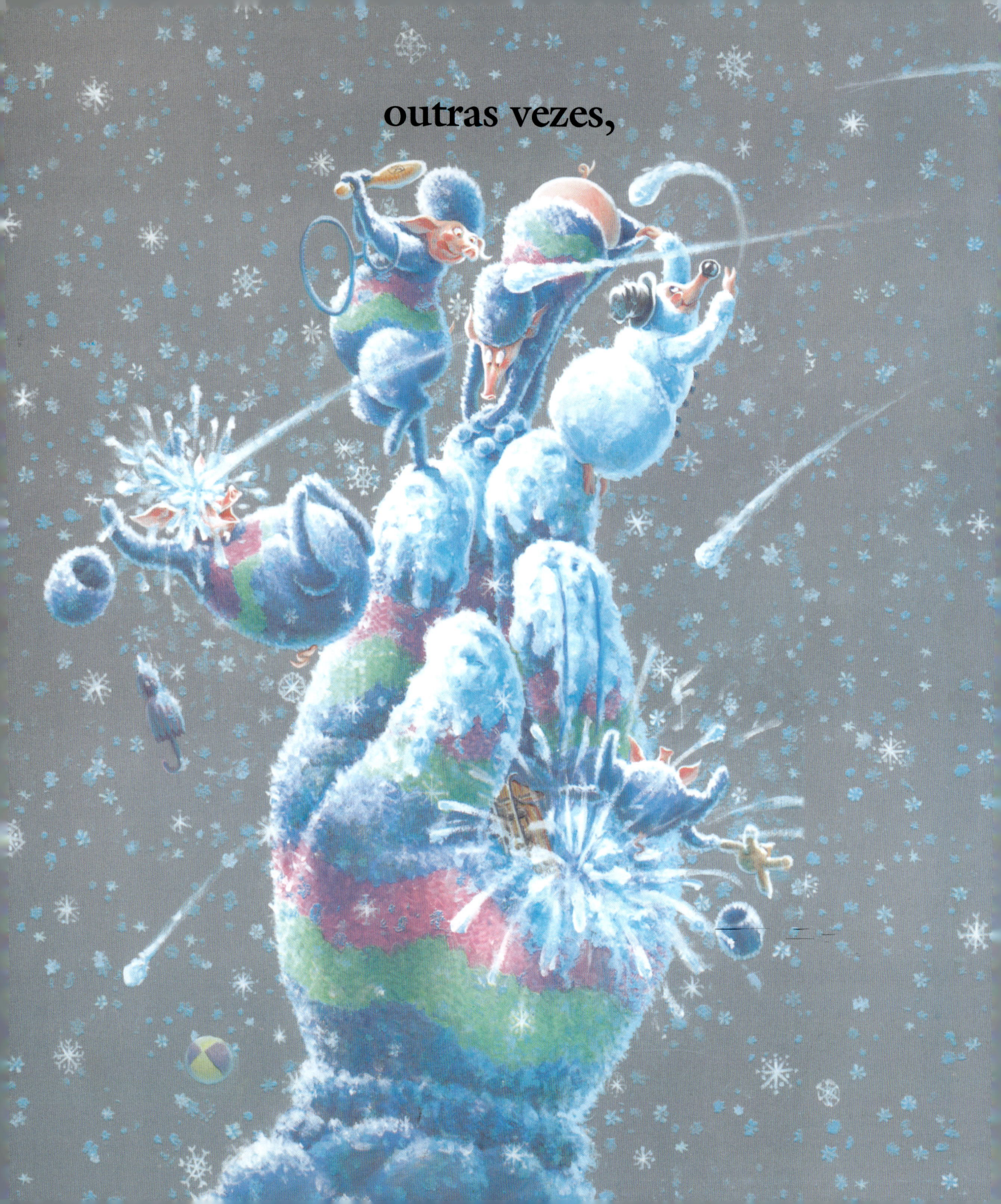

quase morrem de frio.

Às vezes, os porquinhos

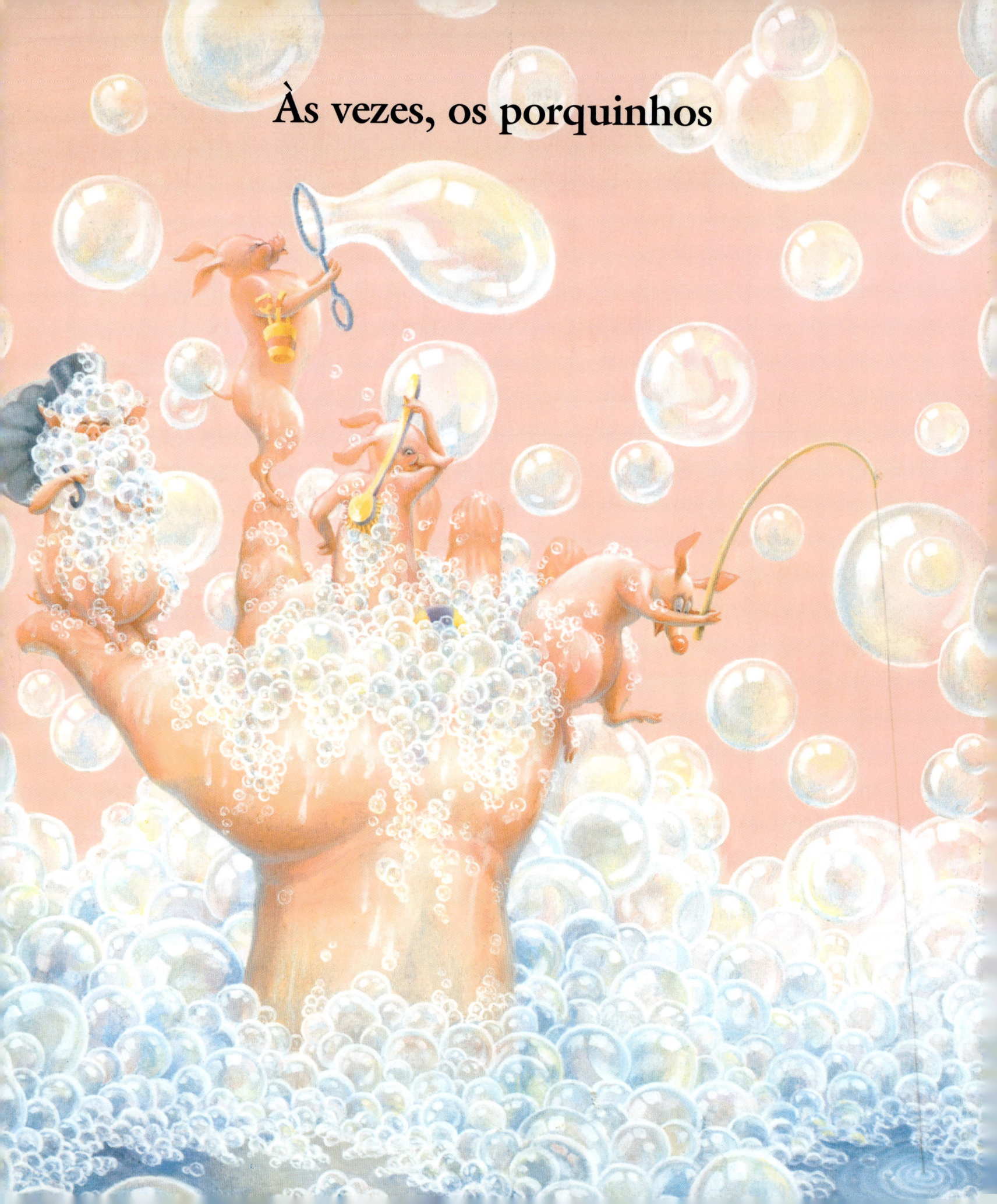

ficam bem limpinhos;

outras vezes,

ficam imundos!

Às vezes, os porquinhos

são tão bonzinhos...

mas nunca na hora de dormir. É nessa hora

que eles descem pela minha barriga,

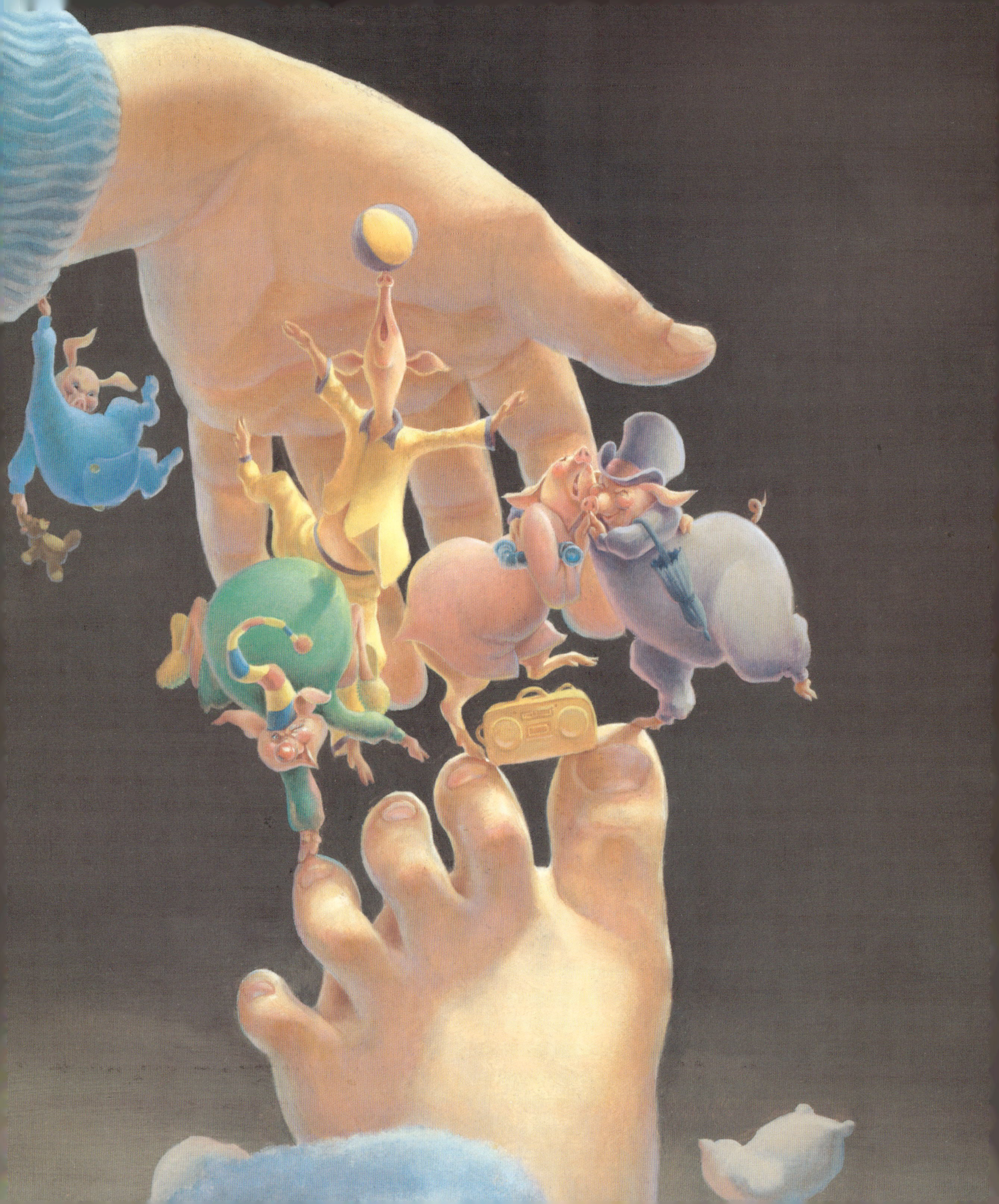

dançam nos meus dedos dos pés,

depois fogem e se escondem.

Então...

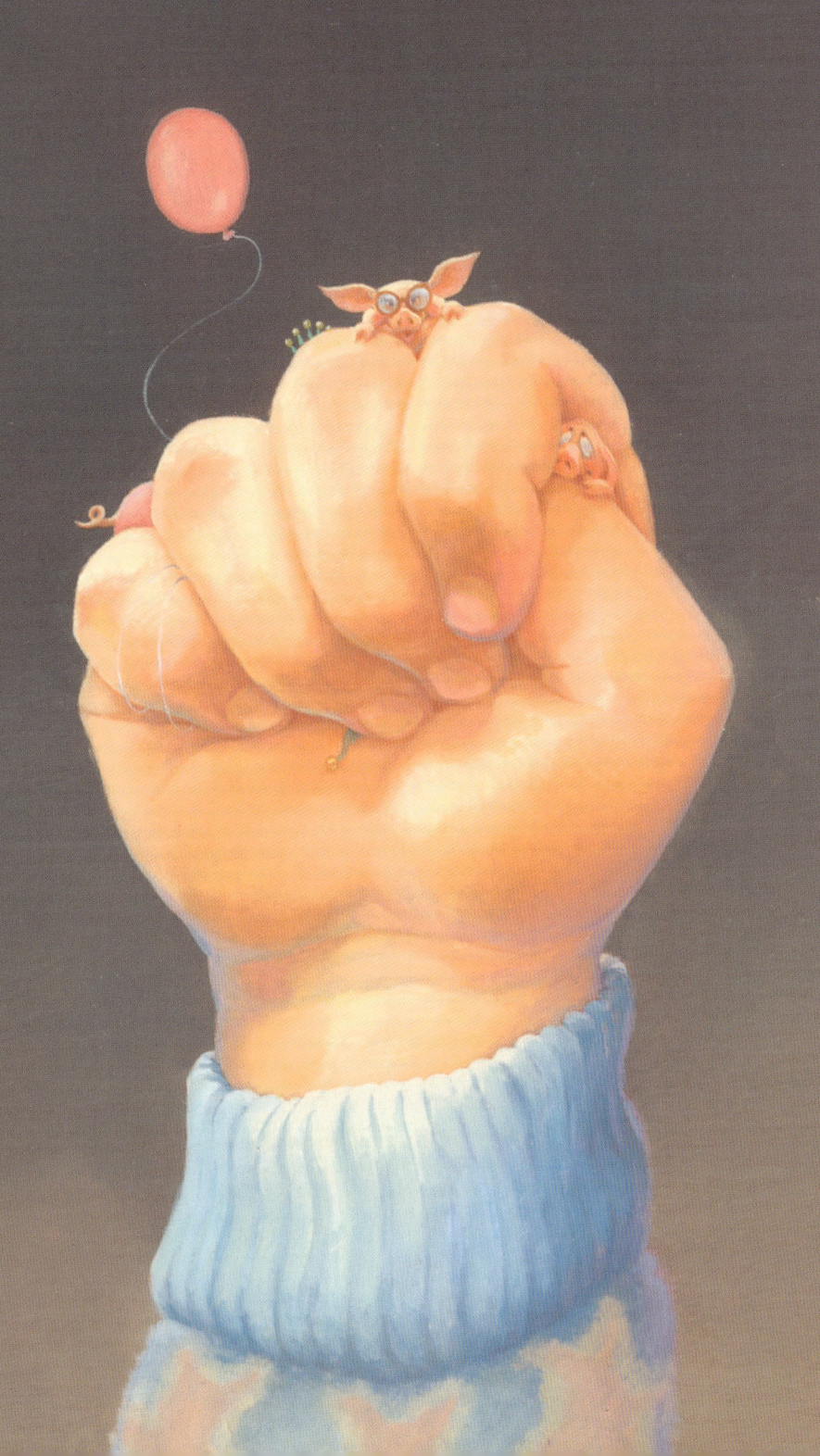

... eu os ponho todos juntos, numa fila
para dois beijos gordinhos,
dois beijos espertos,
dois beijos compridos,
dois beijos bobinhos

e dois beijinhos bem miudinhos de boa noite.